JN288705

まちの施設たんけん ①

市役所

監修 島田恵司 大東文化大学専任講師／文 林 義人 ジャーナリスト／写真 菊池東太

もくじ

市役所にいったよ …………… 2	産業を応援 ………………… 22
まちの公共施設 …………… 8	まちをつくりなおす ……… 24
生涯学習の施設 …………… 10	特色あるまちづくり ……… 26
住民の健康づくり ………… 12	自治のしくみ ……………… 30
いろいろな福祉施設 ……… 14	住民参加のまちづくり …… 32
くらしをささえる ………… 16	市役所Q&A ……………………… 33
くらしをまもる …………… 18	もっとくわしく知りたい人のために…… 37
川や道路とまち …………… 20	全巻さくいん……………………… 38

小峰書店

市役所にいったよ
たくさん人がきているよ

　日本全国、どこの市にも市役所がある。みんなのまちの市役所をたんけんしてみよう。
　下の写真は、埼玉県川越市の市役所だ。この市役所にいってみたよ。

> 市と区では「役所」、町と村では「役場」とよんでいるよ。

> 駐車場に車がいっぱい。市役所に用があってきた人たちの車だね。

川越市役所　地上7階、地下1階の大きな建物だ。

川越市のマーク（市章）　漢字の「川」とカタカナの「コ」「エ」をデザインした。

埼玉県川越市　面積約109平方キロメートル。2003年の人口は約33万人。

川越市役所1階 ここは住民票などの書類や証明書をもらうところ。

たくさん人がきているね。

案内カウンター どんな用事があるかをいえば、どこへいけばいいかを教えてくれる。

◆市役所にいったよ
住民票って、なに？

市役所には、住民票をだしてもらうカウンターがある。住民票は、「この人は、この市の住民です」という証明書だ。

このほか、戸籍全部事項証明、印鑑証明など、市役所からだしてもらう証明書が、いろいろある。そのためには、「住民登録」ということをしておかなくてはいけない。

そういう用事で市役所にくる人が多いから、住民登録などの窓口は、たいてい、入り口に近い1階にある。

市役所のカウンター ここは住民登録をしたり、住民票をだしてもらう窓口だ。

住民票、戸籍全部事項証明、印鑑証明……、
どうして、
そういうのが
いるの？

パスポートや
自動車の免許などを
申しこんだりするとき、
どこのだれだかわからないと
こまるじゃないか。

役所にとどけてあれば
そういうことが
はっきりするね。

印鑑証明は「この人のはんこに
まちがいありません」
という証明書だよ。
家や自動車など、
大きな買い物をするときなどに
必要なんだよ。

「住民」って？

　住民といえば、「そこにすんでいる人」という意味だね。でも、国の法律では、「住民登録」をしていないと、「住民」とはみとめられない。
　「住民登録」とは、ひっこしてきたときなどに、まちの役所や役場にとどけて、「住民基本台帳」に住民として書きいれてもらうことだ。それには、名前、生年月日、住所、戸籍、国民健康保険や国民年金のことなどが、家族（世帯）ごとにまとめて書いてある。
　この「住民登録」をしておかないと、正式には学校にもいけないし、選挙で投票することもできない。どの市区町村にも、かならず「住民基本台帳」があるよ。

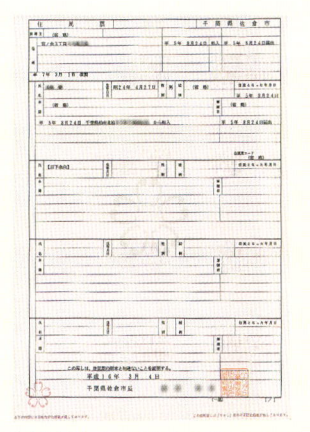

住民票　千葉県佐倉市の例

ぼくは住民登録なんてしてないよ。

ひっこしてきたら転入届。子どもが生まれたら出生届。そういう届けをだすと、住民登録されるんだ。きみも生まれたときに、とどけてもらったんだよ。

住基ネットって？

　住基ネットは、日本全国の市区町村の役所ごとに保管されている住民基本台帳をコンピュータのネットワークでむすびつけたしくみで、2002年からはじまった。つまり、住民基本台帳ネットワークを「住基ネット」とよんでいるわけだね。
　このしくみによって、自分がどこの市区町村の住民かが、すんでいるまちの役所で住民票をもらわなくても証明できるようになった。ネットワークは国や都道府県の役所ともつながっているので、国や都道府県の書類（たとえばパスポート）でも住民票をださなくてももらえるなど、いろいろな手続きが便利になった。
　住基ネットは、役所のコンピュータをつないでいるものなので、自分のパソコンでみることはできない。また、住民基本台帳の全部の情報ではなく、氏名・生年月日・性別・住所の4つにかぎって、情報が流されている。
　しかし、個人の情報がもれる心配があるという理由で、住基ネットに参加しなかったり、住民の選択にまかせている自治体もある（2004年3月現在）。

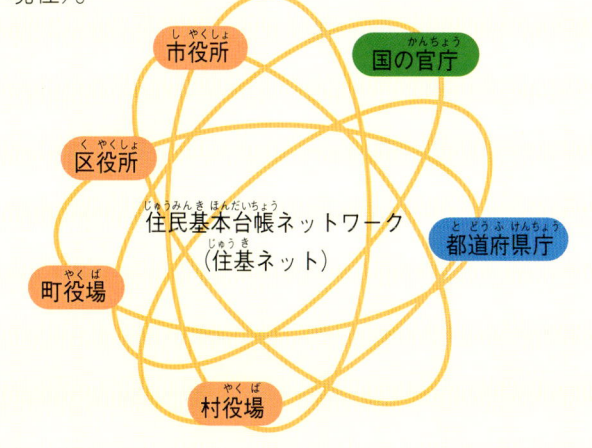

◆市役所にいったよ
いろんな係りがあるね

川越市役所で住民登録についての仕事をしている係りは「市民部市民課」とよばれている。

そのほかにも、市役所には、いろいろな係りがある。

川越市役所の1階には、どの階に何の係りがあるかを書いた案内板がある。それをみると、とてもたくさんの係りにわかれて仕事をしていることがわかる。

それに、市役所では、市の仕事や施設のことを住民に知らせるパンフレットもつくっているよ。

市役所のしくみ

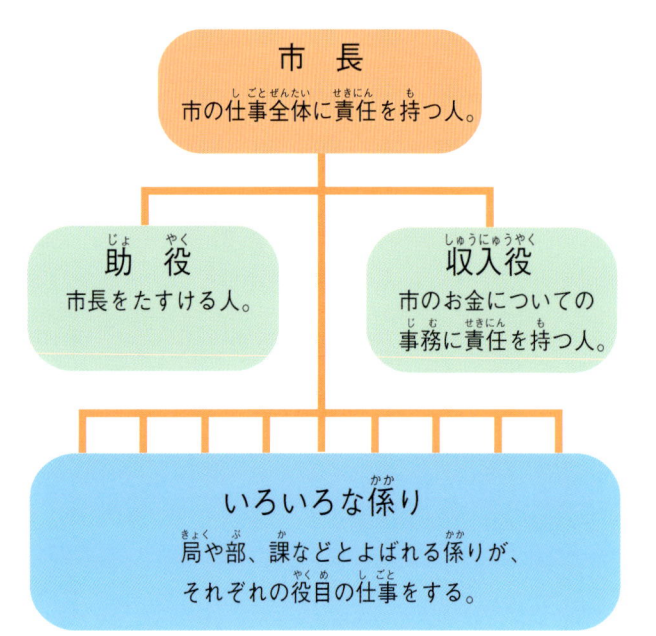

市長
市の仕事全体に責任を持つ人。

助役
市長をたすける人。

収入役
市のお金についての事務に責任を持つ人。

いろいろな係り
局や部、課などとよばれる係りが、それぞれの役目の仕事をする。

川越市役所1階の案内板 B1
（地下1階）から7階までにどんな係りがあるか、書いてある。

ぼくのまちの市役所にもこんなに係りがあるかな？

市役所からのお知らせ

市役所の仕事は、たくさんある。教育、福祉、まちづくりなど、みんなのくらしにかかわること全部だといってもいいくらいだ。

そこで、市役所では、パンフレットやインターネットで、できるだけわかりやすく、どんな係りがあって、どんな仕事をしているかを知らせている。そのまちには、どんな施設があるかも知らせているよ。

その仕事をしているのは、川越市役所では、「広聴広報課」という係りだ。

みんなの家に自分の市の「市民のしおり」などのお知らせがくばられているんだって。
さがしてみよう。

川越市役所のおもな係り

どこのまちの役所や役場でも、同じような係りがある。

市長室	市長の仕事をたすけるほか、市民に市の行政について知ってもらう広報などをおこなう。
総務部	職員の採用、防災、統計、情報公開など。
財政部	市民税、市の予算や決算の仕事。
市民部	住民登録、国民健康保険・国民年金、児童センターなどの仕事。
保健福祉部・保健所	保健・医療と福祉関係の仕事。
環境部	環境調査、ごみの処理、トイレのくみとりなどの仕事。
経済部	はたらく人の健康づくり、観光、農業などをさかんにする仕事。
まちづくり部	まちづくりの計画をたてたり、公園をととのえたりする仕事。
建設部	市営住宅の建設、道路・河川の整備などの仕事。
上下水道局	水道と下水道についての仕事。
市議会事務局	議会の記録をとったり、市民に公開したりする仕事。
教育委員会	市立学校の運営、スポーツ、図書館、文化財の保護などについての仕事。
選挙管理委員会	国や県、市の選挙についての仕事。
監査委員事務局	市の財政についての監視など。
農業委員会事務局	農地の保全についての仕事など。

> 黄色は、議会と行政委員会で、市役所とは別のものなんだ。市役所は議会と行政委員会の事務の手助けをしているよ。

> 行政委員会については35ページをみてね。

『市勢要覧』 市の人口・財政などを書いた冊子で、どこの市区町村でもつくっている（町のばあいは「町勢要覧」）。

『市民のしおり』 市の施設の紹介、ごみのだしかたなどが書いてあり、市民にくばっている。このほか、市内の話題や行事を紹介した広報紙もくばっている。

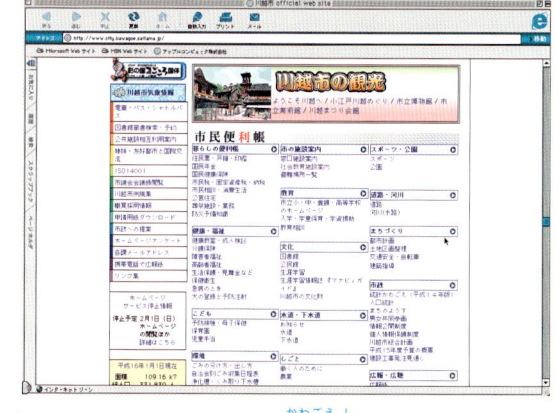

川越市のホームページ インターネットをとおして市の施設などを紹介しているので、パソコンでみることができる。

まちの公共施設

いろいろなところに公共施設があるよ

市の施設は、市役所だけではない。市内のいろいろなところに、市がつくった施設がたくさんある。市立の図書館や児童館、小学校や中学校も、そのひとつだ。まちで市の施設をさがしてみよう。

公共施設はみんなのための施設でおもに市区町村や都道府県がつくっているよ。

「市立」とか「市営」と書いてあれば、市がつくったものだね。

川越市の公共施設

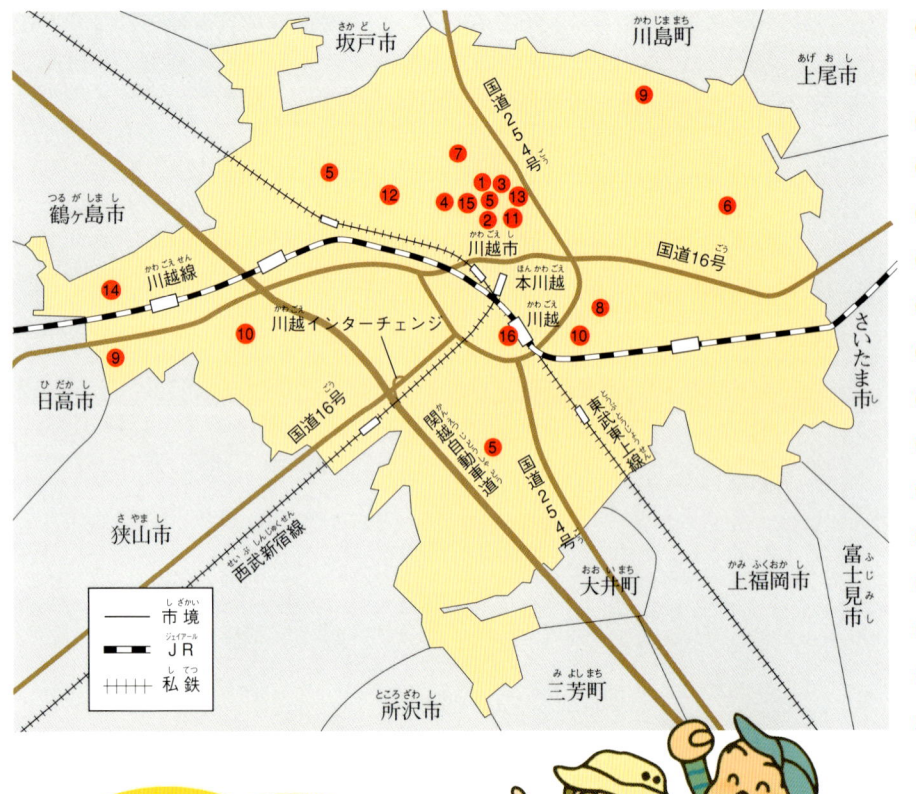

1. 市役所
2. 市立中央図書館
3. 市立博物館
4. 児童センター
5. 市民会館・文化会館
6. 運動公園
7. 消防署
8. 警察署
9. ごみ処理場
10. 浄水場・下水処理場
11. 中央公民館
12. 総合保健センター
13. 市立診療所
14. 職業センター
15. 川越まつり会館
16. 観光案内所

公共施設は、まちのいろんなところにあるのね。

市の施設たんけんに出発だ。

＊地図の施設はおもなもののみ。

川越市のようす

市役所の屋上からみた川越市 家やマンションがたちならぶ。

市の施設の
おもなところをみていこう。
そうすると、
市役所の仕事が
だいたいわかるからね。

古い歴史をつたえるまちなみ 川越市には昔からのまちなみがのこっている地域がある。

生涯学習の施設

図書館・博物館・公民館・スポーツ施設など

「生涯学習」ということばがある。
このばあいの「学習」は、小学校や中学校での勉強のことだけではない。知りたいこと、体験したいこと、楽しみたいこと、そういうことができるようになったり、じょうずになったりするのが学習だ。

まちには、生涯学習を応援する施設がたくさんある。図書館、博物館、公民館、文化会館、それに、市民のためのスポーツ施設などだね。

> 知らなかったことがわかったり、うまくできなかったことが上達するととてもうれしいね。
> いきいきくらすには、生涯学習が、とても役にたつんだ。

> 料理や絵を楽しんだり、パソコンを習ったりすることも生涯学習だよ。

> 郷土のことを知りたければ博物館や図書館にいけばいいよね。

川越市立博物館 川越市の歴史や文化をつたえるものを集めて研究・保管し、わかりやすく展示している。

川越市立中央図書館 郷土資料コーナー、児童書コーナーなどにもたくさん本がある。

川越運動公園 ここには、体育館、陸上競技場、テニスコートなどがある。いくつになってもスポーツを楽しむ生涯スポーツのための施設だ。

ぼくらのまちにも、体育館やプールがあるよ。

公民館 近所の人たちが話しあったり、趣味の集まりに使える部屋がある。写真は川越市の中央公民館。

文化会館 市民がおおぜい集まるもよおし、コンサートなどに使われる。

図書館のことは第2巻『図書館』

博物館は第3巻『博物館・郷土資料館』

公民館やスポーツ施設については第4巻『公民館・児童館・スポーツ公園』をみてね。

住民の健康づくり
みんなが元気にくらせるように

楽しくくらしていくためには、病気にかからない元気なからだをつくることがたいせつだね。
市役所ではみんなが健康にくらせるように、保健センターをつくったり、市内の病院と協力して、病気をふせぐための仕事をしているよ。

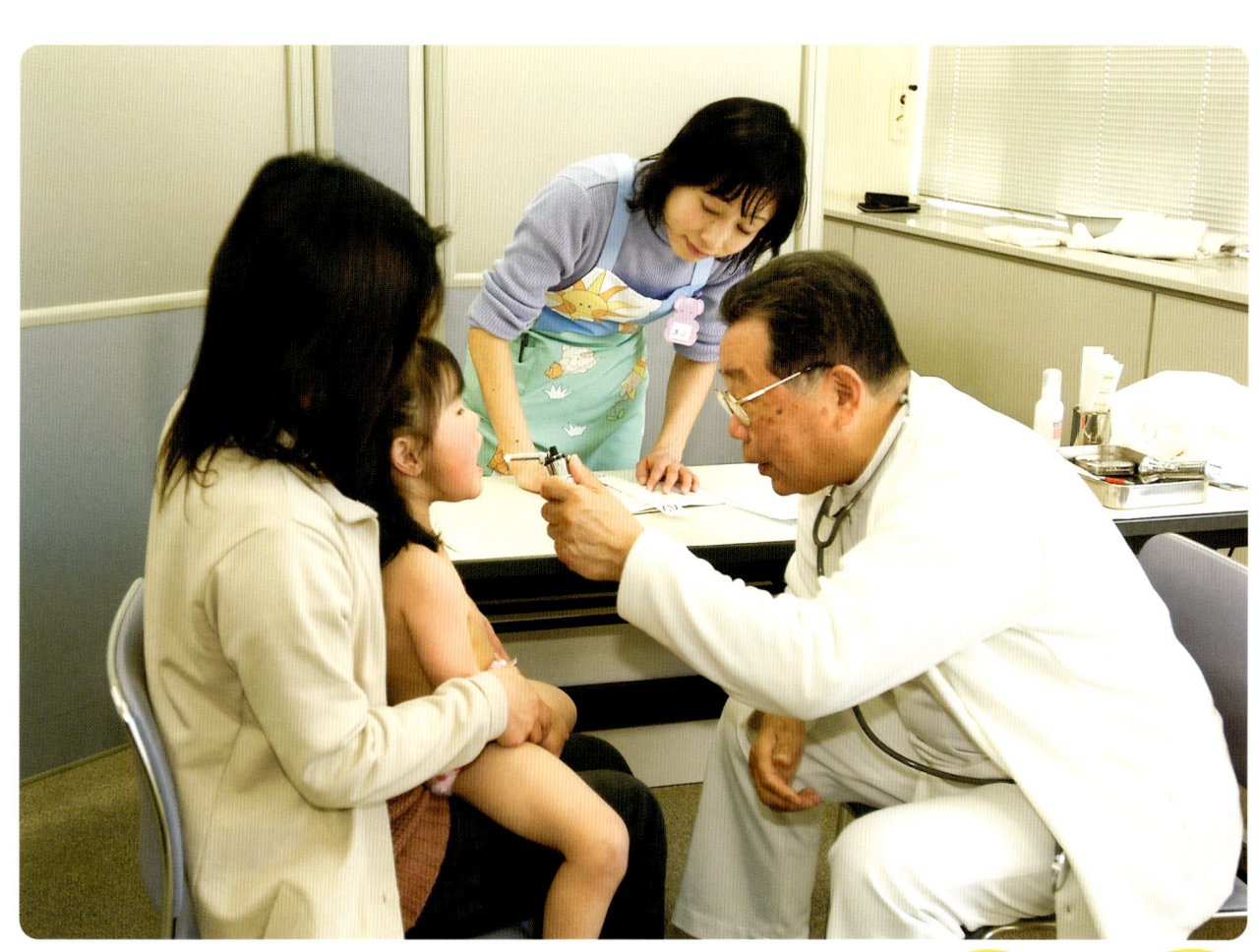

赤ちゃんと小さい子どもの健康診断
小さい子どもが健康に育っているかを調べるために、健康診断をしている。

ぼくらの学校にもお医者さんがきて、健康診断をしてくれるよ。

ときどき学校にきてくれる学校医の先生も市からお願いしているんだって。

川越市総合保健センター 赤ちゃんからお年よりまで、健康診断や健康相談を受けることができる。

> だれでも年をとると、胃ガン、肺ガンなどの成人病（生活習慣病）になりやすい。
> だから、それを調べることもたいせつなんだ。
> 病気は早めにみつければ、なおりやすいからね。

> そのため市区町村では健診センターをつくったり、健診を受けられる病院を指定しているよ。

保健所って？

病気をなおすところが病院（医院）なのにたいし、病気にならないように予防するのが保健所だ。たとえば、ハエやカが大量に発生しないように公衆衛生につとめたり、HIV（エイズ）、インフルエンザ、狂犬病、食中毒などの予防、赤ちゃんを持つお母さんの相談にのったりしている。

心の病気になやむ人も多いため、心の健康づくりも保健所の重要な役割だ。そのため、カウンセリング（話し相手になること）や保健師による家庭訪問などをおこなっている。

保健所は人口10万人あたり1か所を目安に都道府県や大きな市がつくっている施設だが、市区町村の保健センターも、保健所と同じような仕事をしている。

川越市立診療所 診療所は、おもに健康診断や通院で病気をみてもらうための医院だ。入院して病気をなおすための病室が多いのは病院。市区町村立の診療所は、とくに、山村や島など、病院から遠い地域に多い。

いろいろな福祉施設

くらしやすいまちづくり

「福祉」というのは、「しあわせ」という意味だ。みんながしあわせにくらせるように手助けするのも、市役所のだいじな仕事だ。そのための施設が、福祉施設というわけだね。

それから、「バリアフリー（じゃまなものがないこと）」といって、歩道の段差をなくすなど、だれでも外出しやすいまちにすることもたいせつだ。

「くらしやすいまちづくり」が市役所の仕事なんだよ。

お年よりのために

からだが弱ったお年よりの手助けをする。

デイサービスセンター お年よりが食事やゲームを楽しみながら1日をすごす。このほか、お年よりがくらす老人ホームなどもある。

障害をもつ人のために

身心に障害を持つ人のくらしの手助けをする。

職業センター 障害を持つ人がかよってきて、いろいろなものをつくっている。はたらくことは生きがいになるので、とてもたいせつな施設だ。授産所、福祉作業所などともいう。

子どもたちと家族のために
子どもが元気に育ち、安心して子育てができるように手助けをする。

児童センター 子どもが安心して遊べる児童館のひとつだ。

児童館については第4巻『公民館・児童館・スポーツ公園』をみてね。

学童保育、生活保護など、市役所の福祉の仕事はほかにも、たくさんあるんだって。

バリアフリーのために
だれでも外出しやすいまちづくりのための設備。

障害者用トイレ

スロープと点字ブロック スロープは車いすで上り下りできる。点字ブロックは目が不自由な人がたどっていける。文化会館や図書館などの公共施設によくあるね。写真は川越市役所の入り口。

川越市のコミュニティバスは「川越シャトル」というんだって。市営バスだよ。

コミュニティバス 小型のバスが住宅街をきめこまかく走る。家の近くにバス停があるので、足が弱ったお年より、小さな子どもをつれた家族などは、とてもたすかる。

くらしをささえる

水道・下水道とごみ処理場

　もし、水道・電気・ガスがなかったら、とてもくらしていけないね。そのうち、まちの役所や役場が責任を持っているのが、浄水場や配水管など、水道の施設だ。

　そのほか、下水道をつくったり、家庭からでるごみを集めて処理するのも役所や役場の仕事だよ。

　水道、下水道、ごみの処理は、ちゃんとしないと、不潔になって、病気がはやったりするからね。

電気は電力会社、ガスはガス会社だね。

浄水場　市では、くらしに必要な水が確実にとどくようにしている。写真は川越市の霞ヶ関第二浄水場。

くわしく知りたい人は第8巻『水道・下水道』をみてね。

下水道のマンホール　ふたに「かわごえし」と書いてある。

ごみの収集 家庭からでるごみは、市役所が責任を持って集め、処理している。

もし、ごみを持っていってくれなかったら、どうなるの？

まちにごみがあふれて、ハエやネズミが大発生。そうなると、伝染病が大流行するかもしれないよ。

ごみのことは第7巻『ごみ処理場・リサイクルセンター』をみてね。

まちの環境をまもることも、市役所のたいせつな仕事なんだ。

ごみ処理場 写真は川越市の東清掃センター。ごみを安全に処理するための施設だ。

くらしをまもる
消防署と警察署

　火事のときは消防車、事故や急病のときには救急車が消防署からかけつける。消防署は、みんなが安心してくらせるように、災害や急病にそなえている施設だ。

　また、犯罪からくらしをまもるために、警察署があるよ。

> ぼくのまちにも消防署があるよ。

> 警察署もあるね。

消防署 消防車や救急車が、いつでも火事や急病にそなえている。写真は川越市の川越消防署。

まちと防災

　火事、地震、洪水などの災害にそなえているのは、消防署だけではない。市役所でも避難場所をつくったり、食料や水をたくわえたりしている。
　それに、まちの人たちも、消防団や防災ボランティアとして、災害に強いまちづくりをすすめているよ。

避難場所の地図　大地震のときなどに避難する場所を知らせている。

まちの人たちも参加して防災訓練
毎年9月1日の「防災の日」のころ、全国の市区町村でおこなわれる。

> 消防と防災のことは第5巻『消防署』をみてね。

まちと警察署

　火事や事故・急病、台風などの災害にそなえている消防署にたいし、犯罪や交通違反のとりしまりをして、まちの安全をまもっているのが警察署だ。川越市にも警察署があるよ。また、市内19か所に交番と駐在所があり、交番には川越警察署から交代で、おまわりさんがやってくるんだ。
　でも、警察署は市の施設ではない。警察のしくみは都道府県ごとにわかれていて、埼玉県なら埼玉県警察本部（埼玉県警）が、県内の市町村に警察署をおいているんだ。

> 警察のことは第6巻『警察署』をみてね。

川越警察署

川や道路とまち
安全で親しみやすいまちづくり

洪水がおこりにくい川にする治水は、おもに国の国土交通省や都道府県の仕事だ。でも、まちの役所や役場にも河川の係りがあって、住宅地から流れこむ下水や小さな川の管理をしている。

道路の整備も国土交通省や都道府県の仕事だけれど、市区町村道といって、まちの役所や役場が管理している道路もある。たとえば、身近な住宅地の道路などだよ。

川も道路も、住民に身近なところの多くは市区町村が管理しているんだ。

雨や水道管の破裂などで道路に水があふれているとき、カーブミラーがこわれているとき、街灯が消えているときなどは、役所や役場に連絡すると、修理してもらえるよ。自分たちでなおすのはむずかしいからね。

川越市を流れる川と水辺の公園 この川は新河岸川といって、昔は船が行き来する運河だった。今は埼玉県が管理する一級河川だが、水辺の公園は川越市が市民のいこいの場としてつくった。

*一級河川　洪水などでくらしに影響が大きい川として、国によって指定された川をいう。都市部を流れる川は小さくても一級河川に指定されているところが多い。

街灯がともる通り 川越市では、街灯は町内会・自治会にたのんで管理しているが、こわれたときには市が修理する。

カーブミラー

カーブミラーには番号がついている。こわれたり、角度がまがっているカーブミラーをみつけたら、市役所に上の写真のような番号をつたえると、修理するしくみだ。

> 街灯がついてないと、暗くて、こわいわ。

> 市役所は、なんでもやってくれるんだね。

> それはちがうよ。市役所は、住民の自治をたすけるんだ。住民が自分たちでできることは、自分たちでやらないといけないよ。

産業を応援

活気のあるまちづくり

わたしたちがくらしていくには、農業、工業、商業などの産業が必要だ。どこのまちにも、いろいろな産業があるよ。

川越市は埼玉県の大きな市のひとつで、産業もさかんなまちだ。市役所では、お店や工場を経営する会社の人や農家の人など、まちの人たちと話しあいながら、産業がもっとさかんになるようにまちづくりをすすめるなど、産業を応援する仕事をしているよ。

> 川越市は東京にも近いから、東京の会社や学校にかよう人もたくさんすんでいる。それでお店がたくさんできて商業が発達してるのよ。

> 産業がさかんだと、まちに活気があるし、そうでないと、まちがさびれてしまう。だから、市役所としても産業がさかんになるように応援するんだ。

商店街 川越市は鉄道の駅がいくつもあり、駅前に店がたちならんでいる。写真はJR・東武東上線川越駅と西武新宿線本川越駅をむすぶ商店街。

川越市のはたらく人の数

2000年国勢調査／15歳以上就業者

合計 16万7283人 2000年10月

- 分類不能 3876人
- 第一次産業 3613人
  - 農業 3603人
  - 林業・漁業 10人
- 第二次産業 5万1095人
  - 工業 3万6243人
  - 建設業 1万4834人
  - 鉱業 18人
- 第三次産業 10万8699人
  - 商業・飲食店 3万7565人
  - 運輸・通信業 1万1033人
  - サービス業 4万5751人
  - 公務 5680人
  - その他 8670人

大きな店がならぶ道路 写真は国道16号。この道路は東京の外側をぐるりと、とりまき、川越市内で高速道路の関越自動車道とまじわる。この道路があるため、川越市は工場の原料や製品を運ぶのに便利だ。

また、国道16号にはレストラン、電気製品の大型店などがたくさんならんでいる。

> 川越のサツマイモは昔から有名なんだって。おいしいよ。

サツマイモの畑 川越市では、台地で畑、川ぞいの土地で米がつくられてきた。昔にくらべれば、住宅がふえて農地は少なくなったが、今も農業はだいじな産業だ。

まちの自然環境を保全する意味でも、農地はたいせつだ。

お金からみた川越市の産業

農業の生産額 農業粗生産額／2000年 埼玉県農林水産年報

1年間につくった農産物の金額。

合計 77億円　畜産 5億円
野菜・いも類 46億円　米 19億円　その他 7億円

工業の出荷額など 製造品出荷額等／2001年 川越市役所情報統計課による。

工場で1年間につくったり、修理したりしたものの金額。

合計 7018億円
加工賃・修理費など 539億円
製造品出荷額 6479億円

商業・飲食店の販売額

商業は1999年、飲食店は2002年／川越市役所情報統計課による。

合計 8896億円　お店やレストランが1年間に売り上げた金額。

＊合計は四捨五入のために一致しない。

飲食店販売額 258億円
商業販売額 8639億円

※**関越自動車道**——東京と新潟方面をむすぶ高速道路。

まちをつくりなおす

駅前の再開発

　古くからあるまちでは、せまい道路がいりくんでいたり、小さな店や建物がびっしりたっていることが多い。火事がおこると危険だし、せまい道路では自動車がこみあって不便だね。

　とくに、たくさんの人や自動車が集まる駅前などがせまくて不便なため、再開発といって、つくりなおすことがある。川越市でも、駅前を再開発したよ。

> まちの人たちと話しあって、まちづくりの計画をすすめていくのも市役所の仕事だよ。

再開発中のJR川越駅前　この写真は1984年のようす。小さな建物がこみあっていた駅前を広げて、右ページの写真のような駅前にするため、再開発中だ。

今のJR川越駅前 駅とそのまわりに大きなビルができた。駅と商店街を結ぶ広場もある。（写真は2004年）

りっぱな駅前になったね。

市役所の人の話

駅前の再開発などのまちづくりは、市の都市計画にもとづいておこなっています。

都市計画というのは、土地の利用のしかたや建物のたてかた、道路や公園などの計画です。

くらしやすいまちづくり、産業がさかんになるようなまちづくりのために、都市計画があるんですよ。

もちろん、まちづくりは、市役所だけではできません。市民のみなさんが中心になって考え、お店の人たちもふくめて、みんなで話しあって、まちづくりをすすめていますよ。

そして、市のほうでは、たとえば駅前に自転車置き場やトイレをつくるなど、みなさんの役にたつ仕事をしています。

JR川越駅前の自転車置き場 鉄道や駅のビルは、それぞれの会社がつくるが、自転車置き場などの公共施設は市がつくっているものが多い。

特色あるまちづくり

歴史をいかした川越市のまちづくり

まちづくりには、そのまちの自然（山や海、気候のようすなど）、歴史や文化といった特色をいかすことがたいせつだ。ほかのまちではなく、「このまちにすんでいてよかった」と思えるまちにしたいものね。

川越市も、特色をいかしたまちづくりをすすめているよ。

川越市は古くから商業が発達したまちだ。今でも昔の家の蔵など歴史的な建物がたちならんでいる。たくさんの人たちが、観光をしたり、買い物をしたりして楽しめるまちにしているんだ。

楽しそうな通りだね。いってみたいなあ。

菓子屋横丁 昔からのいろいろなおかしやおもちゃを売っている。

まちの人たちの努力でこんなりっぱなまちになったんだ。

まるで映画かテレビでみる昔のまちみたい。

蔵造りのまちなみ はでな色の看板はなく、昔のお店のデザインに統一されている。電線も地下にうめているので、すっきりしたながめだ。

まちの人の話

　川越の蔵造りのまちは、昔のまちの中心街でした。でも、鉄道の駅からすこしはなれているので、ちょっとさびれた感じになっていたんですよ。昔からのこっている建物にも、いたんだものがあって、あまりきれいではありませんでした。

　でも、今では、たいへんりっぱな通りになり、観光にくる人もたくさんいますよ。20年ほど前から、みんなで話しあって、まちづくりをすすめてきた結果です。

　たとえば、昔からある建物のいたんだところをなおすだけでなく、新しくたてるばあいでも、色やデザインを昔の建物にあわせています。住民やお店の人の商店会だけではできないこと、たとえば、電線を地中にうめて景色をよくするといったことは、市長さんや市議会議員さん、市役所のまちづくりの係りの人と相談して、今の美しいまちなみをつくったんですよ。

1940年代の蔵造りのまちなみ

◆特色あるまちづくり

蔵造りのまちでみる市役所の仕事

川越市の蔵造りのまちには、たくさんの人が観光にやってくる。買い物をしたり、食事をしたりする観光客で、にぎわっているお店も多い。

市役所でも、くふうをして、もっと観光客がたくさんきてくれるようにくふうしているよ。

> 観光はたいせつな産業のひとつだ。
> 市の仕事としても力をいれているよ。

> 人がたくさんきてくれると、楽しいよね。まちに活気がでてくるね。

観光のために市がつくったもの

ポケットパーク つかれたときに休める小さな公園。まちなみにあわせたデザインだ。

まちかどの観光案内板 歩いてみてまわれる観光コースが絵地図でかかれている。車いすでもみやすいように低くしてある。

公衆トイレ トイレの建物もまちなみにあわせて、つくられている。

まつり会館もあるよ

　川越市では毎年10月に、まちなかを大きな山車をひきまわす「川越まつり」がおこなわれ、まちの人たちだけでなく、多くの観光客でにぎわう。
　市役所では、年に1度の行事をいつでも楽しんでもらえるように、「川越まつり会館」をつくった。

川越まつり会館
まつりで実際に使われる山車などがあり、川越まつりを体感できる。

お祭りは楽しいよ。

川越まつり

観光案内所もあるよ

　市の観光協会では、駅前などに観光案内所を設置して、まちにやってきた人たちの道案内やお店の紹介などをしている。

観光案内所　写真はJR・東武東上線川越駅にある観光案内所。

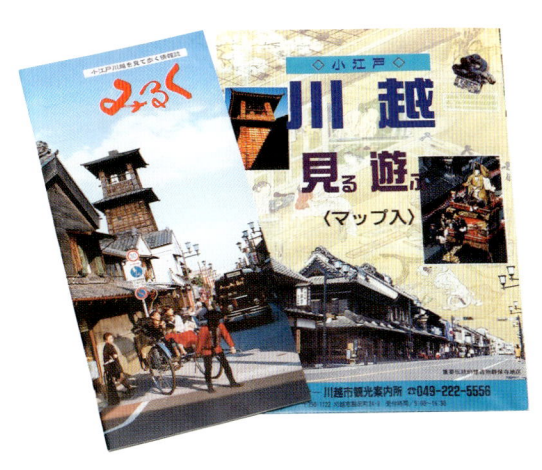

観光案内のパンフレット　川越市役所や観光協会では、パンフレットやインターネットでも、観光の案内をしている。

※**観光協会**──まちの観光をさかんにするため、市役所や鉄道会社・ホテル・レストランなどでつくっている組織。

自治のしくみ
選挙でみんなの代表を選ぶ

　全国どこの市にも市長さんがいて、市議会がある。市長さんは市役所の仕事全体の責任者で、住民の選挙で選ばれる。

　市議会は、市の仕事の計画やお金のつかいかたなどをきめる議会で、議員さんは、やはり住民の選挙で選ばれるんだ。

　まちにどんな施設をつくるか、どんなまちづくりをしていくかは、みんなが選挙で選んだ市長さんを中心に計画をたて、議会で議員さんたちが話しあってきめているんだ。

　このしくみを地方自治といって、都道府県のばあいも、同じようになっているよ。

> 町村のばあいは、町長さんと町議会、村長さんと村議会だ。

川越市議会の議場　川越市のばあい、議員の数は40人。それも市議会できめた定数だ。市議会での議論は公開なので、議場には市民のための席（傍聴席）もある。

市長と議員の選挙

選挙で立候補できる人などのきまりは、下の図のようになっている。これは全国の市町村、東京都23区のすべてで同じだ。

市長

市長の人数	1人
任期	4年
立候補できる人	25歳以上の国民
選挙できる人	20歳以上の住民

議員

議員の人数	法律のきまり以内で議会できめた人数 たとえば、人口5万人以上15万人未満なら36人以内。
任期	4年
立候補できる人	25歳以上の住民
選挙できる人	20歳以上の住民

川越市の収入と支出

市区町村の仕事にかかる費用は、みんなの税金でまかなわれている。そのつかいかたをきめるのが、議会の重要な仕事のひとつだ。

川越市『市勢要覧』より

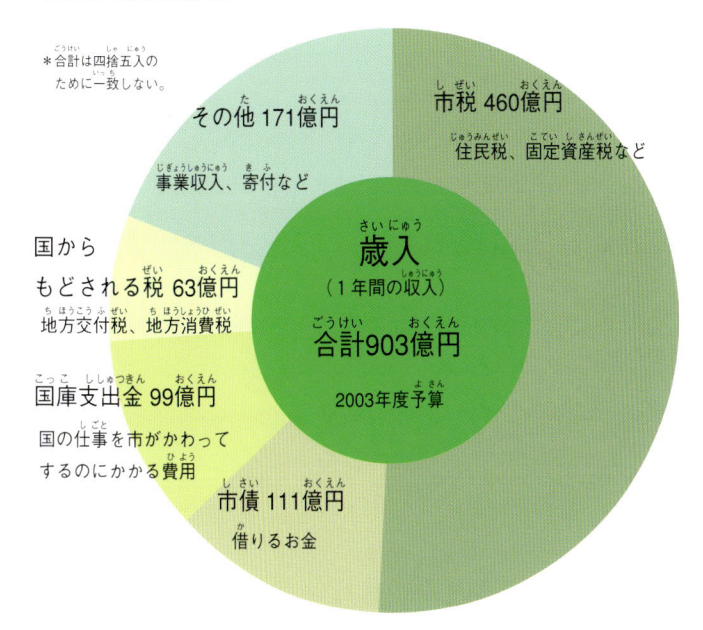

*合計は四捨五入のために一致しない。

歳入（1年間の収入） 合計903億円 2003年度予算

- その他 171億円（事業収入、寄付など）
- 市税 460億円（住民税、固定資産税など）
- 国からもどされる税 63億円（地方交付税、地方消費税）
- 国庫支出金 99億円（国の仕事を市がかわってするのにかかる費用）
- 市債 111億円（借りるお金）

> 川越市が1年間につかうお金は、およそ903億円、住民1人あたりでは27万円ほどになるよ。

歳出（1年間の支出） 合計903億円 2003年度予算

- その他 56億円
- 消防費 38億円（消防署などの費用）
- 公債費 75億円（借りたお金の返済）
- 総務費 98億円（市役所の運営などの費用）
- 土木費 106億円（道路、橋などの費用）
- 教育費 119億円（学校、図書館などの費用）
- 衛生費 170億円（ごみ処理などの費用）
- 民生費 241億円（福祉などの費用）

知る権利と情報公開

　市役所や町役場の仕事に責任をもつ市長さんや町長さん、方針や条例（国でいえば法律）をきめる議員さんたちは住民の選挙で選ばれる。

　それが地方自治のしくみだが、もうひとつ重要なのが「情報公開」。これは、税金のつかいかた、議会の記録などを、だれでも、みることができるしくみだ。

　これは「広報」などのお知らせではなく、住民の知る権利を実現するものだから、みたい資料を申しこんで、みたり、コピーをとったりできる。ほとんどの市区町村に情報公開を受けつける窓口がある。

住民参加のまちづくり
みんながくらしやすいまちにするために

　地方自治をいかすには、市長さんや議員さんの選挙をするだけではなく、住民の声がよくとどくようにするくふうが必要だ。そのため、それぞれの市区町村で、いろいろなくふうをしている。

　たとえば、子どもたちだけの議会をつくってまちづくりにいかしているところもある。子どものうちから、自分たちのまちづくりに参加できれば、夢がふくらむね。

北海道ニセコ町の子ども議会　小中学生が参加し、まちづくりについて、自由に意見をいうことができる。

- だいじなのは意見をだしあうことだね
- 道路のそうじなんかのボランティア活動にも参加しようよ。
- わすれてはいけないのは、集まって何かをしたり、意見をいったりするのがにがてな人もたくさんいるということだ。
- そういう人たちのことも考えておかないとみんなのまちにならないものね。

市役所Q&A

市役所についての質問と答え

Q 自治体って、なんですか？

A 「自治」とは「自分たちでおさめる」という意味で、「自治体」とは「自分たちでおさめる団体」という意味です。国のしくみのうえでは、都道府県と市町村・東京都の23区が自治体で、地方公共団体ともいいます。

自治体には、それぞれ、1人の都道府県知事や市町村長がいて、1つの議会があります。知事や市町村長、議会の議員は、住民が選挙で選びます。

> 自分たちのまちのことは、自分たちできめて、自分たちの責任でやっていきたいね。

> そのほうが、まちづくりにも力がはいるよ。

Q 東京都の23区って、なんですか？

A 地方公共団体のうち「特別区」とよばれるのが東京都の区で、23あることから「23区」とよばれます。

この特別区には、それぞれ、1人の区長がいて、1つの区議会があり、区長と議員は住民の選挙で選ばれます。その点で、特別区は市町村と同じ自治体なのです。

大きな市でも市内を区にわけているところもありますが、その区には選挙で議員を選ぶ議会や区長はいません。

Q 市・町・村のちがいは、なんですか？

A 人口やまちのようすによって区別されています。地方自治法という法律によれば、市は人口5万人以上で、その6割が市街地にくらしていることなどが条件とされています。

ただし、昔は人口が多くて市になったけれども、今は人口がへってしまった市もあります。

町・村の条件については、それぞれの都道府県ごとにきめられています。

Q 市民って、なんですか？

A 「市民」ということばには、おもに、ふたつの意味があります。ひとつは、「その市にすんでいる人」という意味です。

もうひとつは、「1人の人間としての権利を持つ人」のことです。こちらの意味だと、全国どの市区町村にすんでいる人も、子どももおとなも、市民ということになりますね。市民運動とか市民社会というときの「市民」は、こちらの意味です。

Q 外国人も住民登録をするのですか？

A 住民登録はしませんが、日本に90日以上とどまる外国人は、まちの役所や役場で外国人登録をします。
　観光や仕事できて、日本にいる期間が短い人は登録する必要はありません。

Q 「行政」というのは、どういうことですか？

A 行政は「政治をおこなう」という意味です。国の行政は、内閣総理大臣を首長とし、省や庁とよばれる行政機関は、それぞれの大臣を長としています。都道府県の行政機関は都道府県庁で、その長は知事です。

＞いちばん身近な行政機関はまちの役所や役場だね。

＞ただ「行政」というばあいは、市区町村の行政をさすことも多いよ。

Q 首長というのは、どういう人ですか？

A 首長ということばは、人々をひきいる長のことですが、国のしくみでは、行政のトップの人をさします。とくに、自治体の長を首長といい、都道府県知事や市町村長を選ぶ選挙を首長選挙ともよんでいます。

Q 公務員って、どんな人のことですか？

A 公務とは「おおやけの仕事」という意味です。みんなのために仕事をする人が公務員というわけですね。
　公務員には、国の省庁や都道府県庁、市区町村の役場につとめている人、公立学校の先生、自衛隊の人や警察の人などがいます。

Q 「政令指定都市」というのは、どんな都市ですか？

A 地方自治法による政令（内閣の命令）によって、都道府県に近い自治をおこなえる自治体として指定された市のことです。人口50万人以上の大都市が指定され、2004年3月、その数は全国で13です。

全国の政令指定都市 2003年3月現在

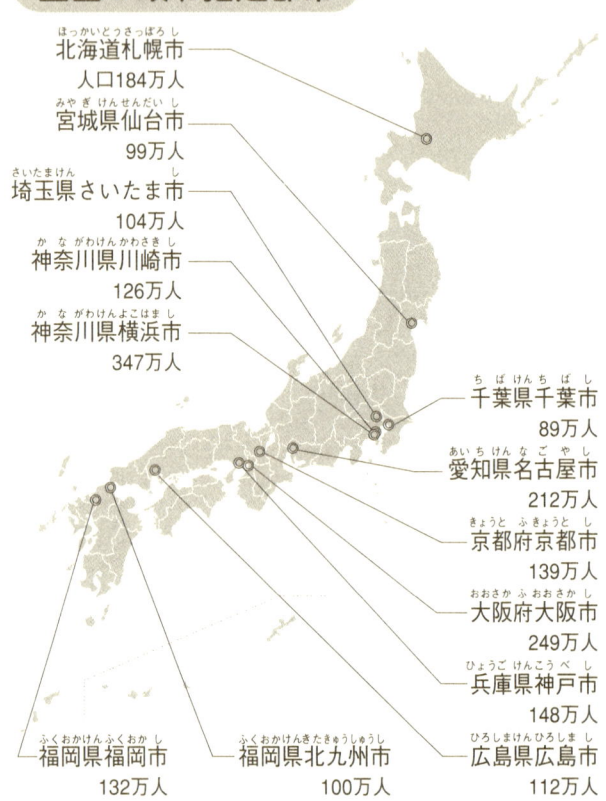

- 北海道札幌市　人口184万人
- 宮城県仙台市　99万人
- 埼玉県さいたま市　104万人
- 神奈川県川崎市　126万人
- 神奈川県横浜市　347万人
- 千葉県千葉市　89万人
- 愛知県名古屋市　212万人
- 京都府京都市　139万人
- 大阪府大阪市　249万人
- 兵庫県神戸市　148万人
- 福岡県福岡市　132万人
- 福岡県北九州市　100万人
- 広島県広島市　112万人

Q 「中核市」というのは、どんな市ですか？

A 人口30万人以上、面積100平方キロメートル以上の市のなかから、政令指定都市に

近い自治をおこなえる自治体として指定された市のことです。2004年3月、その数は全国で35です。

この本でとりあげた埼玉県川越市も中核市です。

全国の中核市
人口は2003年3月現在

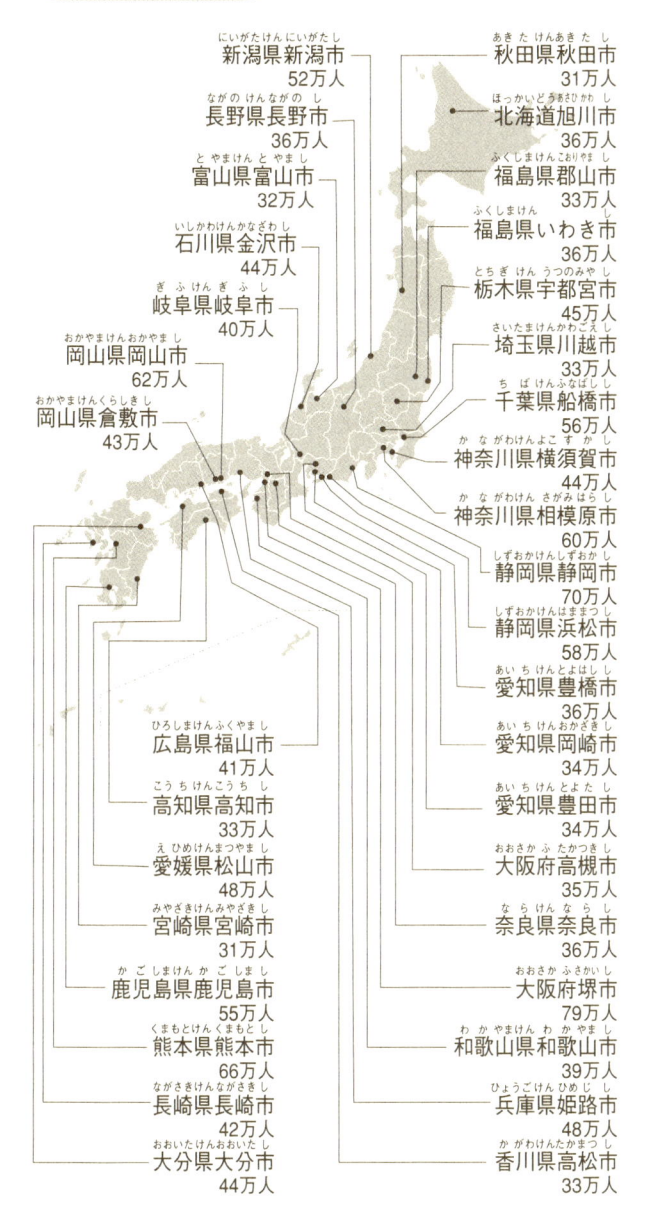

新潟県新潟市 52万人
長野県長野市 36万人
富山県富山市 32万人
石川県金沢市 44万人
岐阜県岐阜市 40万人
岡山県岡山市 62万人
岡山県倉敷市 43万人
広島県福山市 41万人
高知県高知市 33万人
愛媛県松山市 48万人
宮崎県宮崎市 31万人
鹿児島県鹿児島市 55万人
熊本県熊本市 66万人
長崎県長崎市 42万人
大分県大分市 44万人

秋田県秋田市 31万人
北海道旭川市 36万人
福島県郡山市 33万人
福島県いわき市 36万人
栃木県宇都宮市 45万人
埼玉県川越市 33万人
千葉県船橋市 56万人
神奈川県横須賀市 44万人
神奈川県相模原市 60万人
静岡県静岡市 70万人
静岡県浜松市 58万人
愛知県豊橋市 36万人
愛知県岡崎市 34万人
愛知県豊田市 34万人
大阪府高槻市 35万人
奈良県奈良市 36万人
大阪府堺市 79万人
和歌山県和歌山市 39万人
兵庫県姫路市 48万人
香川県高松市 33万人

Q 行政委員会というのは、なんですか？

A 自治体の仕事のなかには、ときどきの首長の影響をあまり受けないほうがよいと考えられているものがあります。たとえば、学校の教育などは、長くても4年ごとの選挙で選ばれる首長の考えかたによって大きく変化してはいけないのではないかというわけです。

また、行政があまりにも首長中心になってしまうと、こまることもあります。たとえば、選挙の事務などは、首長の影響を受けずに、公平におこなわれなければなりません。

そこで、自治体のふつうの役所とは別につくられているのが、行政委員会です。市区町村でいえば、7ページの表にある教育委員会、選挙管理委員会、監査委員、農業委員会などが行政委員会です。

> 国にも行政委員会があるよ。
> 警察の仕事を管理している国家公安委員会、
> 産業が健全に発展するようにする
> 公正取引委員会、
> 国の公務員についての
> 仕事をする人事院などだ。

Q 教育委員会って、何をするの？

A 教育委員会は、都道府県と市区町村にある行政委員会です。大学をのぞく公立学校の運営についての仕事のほか、図書館やスポーツ施設をつくって住民の文化・スポーツ活動を手助けする仕事、文化財の調査・保護についての仕事などをしています。

委員は5人です（町村では3人のところもある）。この教育委員の仕事をたすけるのが、市役所や町村役場にある教育委員会事務局で、その長を教育長といいます。

Q 消防組合とか上水道組合って、なんですか？

A 消防組合や上水道組合は、自治体どうしが共同で仕事をするためにつくっているものです。消防や上水道・下水道、ごみ処理など、いくつかの自治体がまとまって広い地域で協力しあったほうがよいばあいに組合をつくっています。そうして自治体どうしが共同でおこなう行政を「広域行政」とよんでいます。

とくに人口の少ない市町村で、広域行政がさかんです。

Q 市町村合併って、どういうことですか？

A いくつかの市町村がいっしょになって、ひとつの自治体になることです。

合併すると、中央の役所が1か所になって仕事の能率がよくなり、公務員の数もへらすことができるので、みんながおさめる税金を節約できるといいます。

また、全国的に人口の高齢化がすすんでいるので、小さな自治体では、お年よりの介護などの仕事がじゅうぶんにできないのではないかということなどから、合併が必要だといわれています。

いっぽう、広い地域でとりくまなければならないことは、広域行政のくふうをすれば合併をしなくてもいいという意見もあります。小さな自治体のままのほうが、住民の意見を尊重したまちづくりができるという理由で、合併に反対の人もいます。

合併には、いい点と悪い点があります。それで、住民がつくる合併協議会で話しあい、議会でも承認されないと、合併はできません。

交通や通信が発達した現在、今の都道府県

市町村の数のうつりかわり

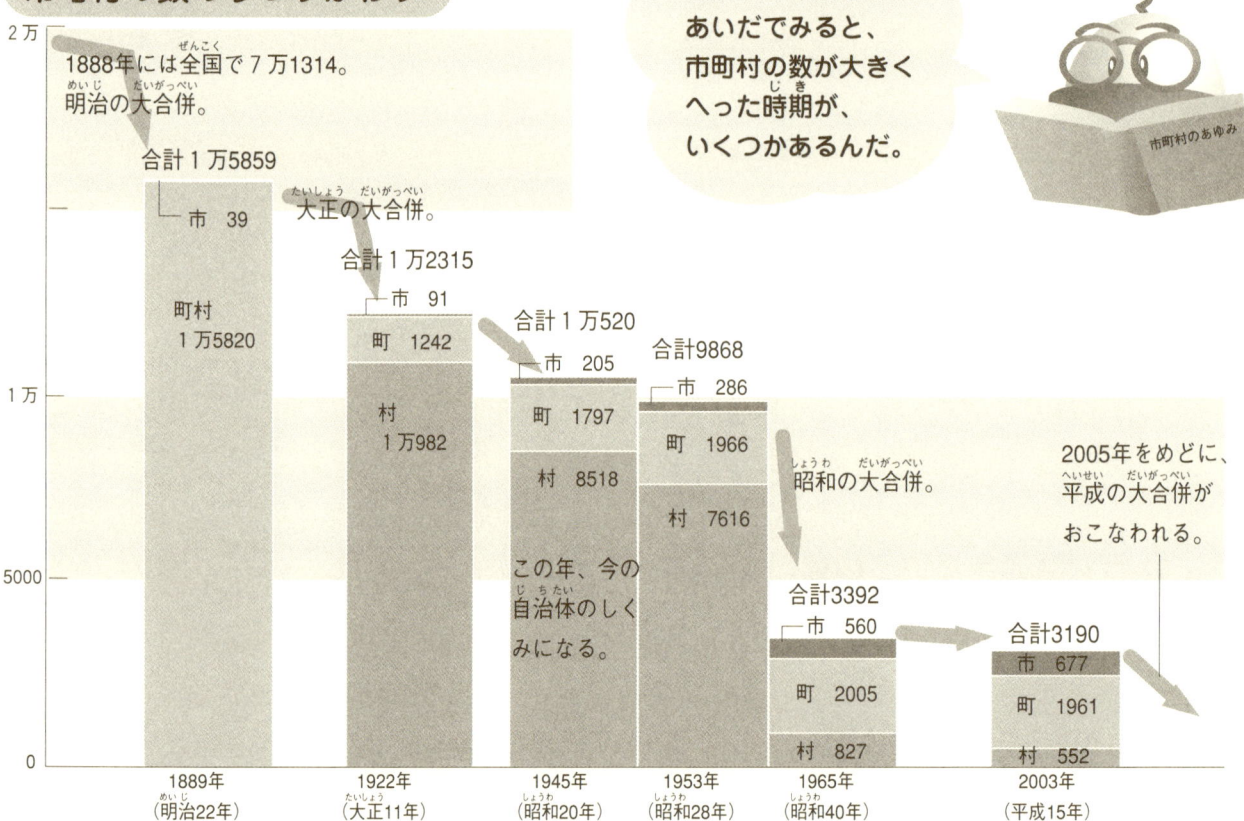

1888年には全国で7万1314。明治の大合併。

1889年（明治22年） 合計1万5859
- 市 39
- 町村 1万5820

1922年（大正11年） 大正の大合併。 合計1万2315
- 市 91
- 町 1242
- 村 1万982

1945年（昭和20年） 合計1万520
- 市 205
- 町 1797
- 村 8518

この年、今の自治体のしくみになる。

1953年（昭和28年） 合計9868
- 市 286
- 町 1966
- 村 7616

昭和の大合併。

1965年（昭和40年） 合計3392
- 市 560
- 町 2005
- 村 827

2005年をめどに、平成の大合併がおこなわれる。

2003年（平成15年） 合計3190
- 市 677
- 町 1961
- 村 552

この100年ほどのあいだでみると、市町村の数が大きくへった時期が、いくつかあるんだ。

ではせますぎるので、道州制にしたほうがいいという意見もあります

都道府県が合併して、地方ごとに道とか州という自治体にしようというのが、道州制です。

Q 城下町というのはなんですか？

A お城を中心にできたまちのことです。

100年以上昔の1868年に明治という時代になるまで、日本は藩とよばれる地域にわかれ、それぞれ、さむらいがおさめていました。そのころ、お城を中心に各地にまちが発展したのです。埼玉県川越市も城下町です。

そのほか、港を中心にできた港町、街道ぞいにできた宿場町、お寺や神社のまわりにできた門前町などがあります。

まちには、それぞれ、そのまちができた歴史があり、それぞれのくらしかたがあります。これからのまちづくりでも、ふるさとの歴史や文化をだいじにしていくことが、たいせつです。

> まちをたんけんして、ふるさとのことをもっと、調べてみようよ。

> 図書館や博物館にもいってみよう。

もっとくわしく知りたい人のために
問い合わせ先

以下は、おもな問い合わせ先の所在地とインターネットのアドレスです。

総務省

〒100-8926 東京都千代田区霞が関2-1-2 中央合同庁舎第2号館 http://www.soumu.go.jp/

全国市長会

〒102-8635 東京都千代田区平河町2-4-2 全国都市会館 http://www.mayors.or.jp/

全国町村会

〒100-0014 東京都千代田区永田町1-11-35 全国町村会館 http://www.zck.or.jp/

（財）地域活性化センター

〒103-0027 東京都中央区日本橋2-3-4 日本橋プラザビル http://www.chiiki-dukuri-hyakka.or.jp/

> 全国の市区町村の話題ならNIPPON-Netでみるといいよ。アドレスは、http://www.nippon-net.ne.jp/ だ。

> 自分がくらしているところのことは自分のまちの役所や役場に聞いてね。

まちの施設たんけん

全巻さくいん

このさくいんのみかた

調べたいことば（あいうえお順） → 説明がある巻とページ

例 川……1-20／3-22, 26

この例では、第1巻の20ページと第3巻の22ページと26ページ。
▶印があることばは、その巻をみてください。

あ

育児支援（子育て支援）……4-23
井戸……8-21
移動図書館……2-18
インターネット……2-30
うめたて処分場……7-28
運動公園（スポーツ公園）▶第4巻
衛生……1-13／7-34／8-33
駅……1-24
閲覧席（図書館）……2-5
横断歩道……6-19
落とし物……6-14
おはなし会……2-9
おまわりさん……6-12, 28

か

外国人……1-34
街道……3-18
街頭消火器……5-27
学芸員……3-10, 34
かけこみ110番……6-31
河岸……3-20
火事……3-15／5-2, 15, 34, 37
火事の原因……5-22
学校……1-35
学校資料室……3-32
学校図書館……2-27
家庭ごみ……7-33
ガードレール……6-19
川……1-20／3-22, 26, 8-2, 28
簡易水道……8-20
環境……1-17／7-34／8-37
観光……1-28
議会……1-30
機動隊……6-24, 36
救急……5-6, 15
救急救命士……5-35
救急車……5-7
救助（レスキュー）……5-4／6-24
給水車……8-17
教育委員会……1-35
行政……1-34
郷土資料……2-10／3-11
郷土資料館▶第3巻
区……1-33
訓練……5-12／6-29
警察学校……6-28
警察官……6-8, 28
警察犬……6-23, 29
警察署▶第6巻／1-19
警察庁……6-36
警察手帳……6-13
警察本部……6-36
刑事……6-9, 20, 36
警視庁……6-36
下水汚泥……8-26
下水管……8-23
下水処理場（終末処理場）……8-24
下水道▶第8巻／1-16
検事……6-36
公安委員会……6-36
公園……4-28, 30
公会堂……4-16
公共施設……1-8／4-36
公衆衛生……1-13
洪水……3-22／5-31
交通安全教室……6-18
交通事故……6-7, 18, 34
交番……6-10, 12
公民館▶第4巻／1-11
公務員……1-34
航路……3-21
国際緊急援助隊……6-25
国際子ども図書館……2-28
国立国会図書館……2-26
子育て支援（育児支援）……4-23
こども110番……6-31
子ども議会……1-32
子どもの人権110番……6-33
コピー……2-36
ごみ（廃棄物）……7-33
ごみ置き場……7-4
ごみ収集車……7-3
ごみ処理場▶第7巻／1-17
ごみの種類……7-7
コミュニティセンター……4-2
コミュニティバス……1-15

さ

災害……3-22／5-30／6-24
再開発……1-24
裁判……6-37
産業……1-22
産業廃棄物……7-33
博物館……1-10
事件……6-20
資源……7-7, 22
自主防災組織……5-36
司書……2-12, 23, 37
地震……5-30, 36
市勢要覧……1-7
自然観察会……3-24
自治……1-30
自治会……6-31
自治会館……4-33
市長……1-6, 31
市町村……1-33
市町村合併……1-36
児童館▶第4巻
児童書（図書館）……2-8
市民……1-33
市民会館……4-16
市民学芸員……3-34
市民ホール……4-16
市役所▶第1巻
集会所……4-3
住基ネット（住民基本台帳ネットワーク）
　　　　　　　　　　……1-5
収蔵庫（博物館）……3-14
住民参加……1-32
住民票……1-4
宿場町……3-19

取水ぜき……8-4
首長……1-34
生涯学習……1-10
消火栓……5-27
浄化槽……8-30
焼却炉……7-10
浄水場……8-6
上水道（水道）▶第8巻
商店街……1-22
少年消防クラブ……5-36
情報公開……1-31
消防士……5-10, 16, 33
消防車……5-18, 20, 33
消防署 ▶第5巻／1-18
消防団……5-27, 36
書庫（図書館）……2-13
処理水……8-25, 28
白バイ……6-26
森林……8-32, 37
水源涵養林……8-37
水質検査……8-11
水道（上水道）▶第8巻／1-16
水道管……8-16
水道料金……8-19
水路……8-21
スポーツ公園（運動公園）▶第4巻／1-11
スポーツ施設……4-24
税金……1-31
清掃工場……7-8
政令指定都市……1-34
選挙……1-30
選書（図書館）……2-16
捜査……6-22
蔵書（図書館）……2-33
粗大ごみ……7-18

た

体育館……4-24, 26
ダイオキシン類……7-12
体験型博物館……3-31
たい肥づくり……7-32
ダム……3-26／8-32
地区センター……4-3
駐在所……6-13
中水道……8-31
町内会……6-31
町内会館……4-33
著作権……2-36
通学路……6-19
テロ……6-26
電子図書館……2-30

道路……1-20／3-18／6-19
都市計画……1-25
土砂くずれ……5-31
図書館 ▶第2巻／1-10／3-11
友の会……2-25／3-36

な

生ごみ……7-32
日本十進分類法（NDC）……2-17, 34
熱利用（ごみ処理場）……7-15
農業資料館……3-33

は

排ガス……7-12／8-27
配水池……8-14
博物館 ▶第3巻
博物館資料……3-12
ハザードマップ……5-36
橋……3-16
パトカー……6-26
パトロール……6-15, 30
バリアフリー…1-15／2-20／4-19
犯罪……6-7, 35
犯罪被害者……6-9
犯人……6-20
ビジネス支援（図書館）……2-24
避難場所……5-26
福祉施設……1-14
プール……4-27
プレーパーク……4-31
噴火……5-31
文化会館……1-11／4-16
文化財……3-28
分別収集……7-6
防火水槽……5-26
防災……5-26, 28
防災倉庫……5-27
防災の日……5-28
防犯……6-30
保健所……1-13
保健センター……1-12
ボランティア…3-35／4-13／5-28

ま

迷子……6-14

まちづくり……1-24, 26
祭り……1-29／3-28／4-32
水資源……8-34
道案内……6-14
緑のダム……8-37
民俗資料館……3-33
昔話……3-29
無形文化財……3-28
もやさないごみ……7-7, 16
もやすごみ……7-7

や

野球場……4-25
役所……1-2
役場……1-2
有害ごみ……7-26
読み聞かせ……2-23

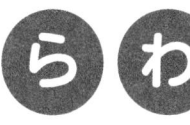

ら わ

陸上競技場……4-24
リサイクル……7-37
　衣類……7-20
　家具……7-20
　家電製品……7-19
　紙……7-23
　かん……7-23
　びん……7-22
　プラスチック……7-26
　ペットボトル……7-24
　容器包装……7-25
リサイクルセンター ▶第7巻
リデュース……7-37
リフューズ……7-37
リユース……7-37
歴史資料館……3-33
レスキュー（救助）……5-4
レファレンス……2-11
レンジャー……6-34
渡し……3-16, 18

数字・記号

110番……6-16
119番……5-14
4つのR……7-37
#9110番……6-33

●監修	島田恵司（しまだ　けいじ） 大東文化大学専任講師。地方自治論専攻。 1953年生まれ。早稲田大学法学部中退。1999年、（財）地方自治総合研究所研究員となり、2003年から現職。その間、総理府地方分権推進委員会上席調査員等を務める。著書に「ポスト分権改革の条例法務―自治体現場は変わったか」（共著、ぎょうせい）、「政策法務の理論と実践」（共著、第一法規）などがある。
●文	林　義人（はやし　よしひと）
●イラスト	大森眞司（おおもり　しんじ）
●写真	菊池東太（きくち　とうた）
●説明図	有限会社アイランド
●装丁・デザイン・イラスト	志岐デザイン事務所
●企画	伊藤素樹（小峰書店）／大角　修（地人館）
●編集	山田恒和（小峰書店）／村田　亘（地人館）
●取材協力	埼玉県川越市役所／同川越まつり会館／同児童センター　こどもの城／同職業センター／同清掃事業所／同総合保健センター／同中央公民館／同東清掃センター
●写真提供	藤　泰樹／埼玉県川越市役所／北海道ニセコ町役場

まちの施設たんけん ❶
市役所

NDC318　39p　29cm

2004年4月5日　第1刷発行　　2016年4月25日　第8刷発行

●監修者	島田恵司
●文	林　義人
●発行者	小峰紀雄
●発行所	株式会社小峰書店　〒162-0066　東京都新宿区市谷台町4-15 電話／03-3357-3521　FAX／03-3357-1027　http://www.komineshoten.co.jp/
●組版	株式会社明昌堂
印刷	株式会社廣済堂
製本	小髙製本工業株式会社

©2004 Komineshoten Printed in Japan　　　　　　　　　　　　　　　ISBN978-4-338-19801-1
乱丁・落丁本はお取り替えいたします。
本書のコピー、スキャン、デジタル化等の無断複製は著作権法上での例外を除き禁じられています。本書を代行業者等の第三者に依頼してスキャンやデジタル化することは、たとえ個人や家庭内での利用であっても一切認められておりません。